小 泉　弘

デザイン製本①

デザイナーと装丁

印刷学会出版部

目次

著者自装

デザイナーと装丁

はじめに

明治時代になって西洋文明の流入に伴い、外国の書籍も広く伝わり、我が国の書物を取り巻く環境が、それまでの和製本一辺倒から、洋装本仕立てへと移行していくのは、文明開化、西洋に追いつけの時代にあっては必然のことであった。

夏目漱石の『吾輩は猫である』の装丁を担った橋口五葉や、与謝野晶子の『みだれ髪』の装丁者・藤島武二あたりを嚆矢として、平福百穂《ひゃくすい》、石井柏亭、津田青楓《せいふう》、富本憲吉、木村荘八、川上澄生、芹澤銈介、竹久夢二、小村雪岱《せったい》などなど、明治、大正、昭和前半の装丁史上に忘れることの出来ない名作を残した、画家を中心とした数多くの才能たち。

さらに、強烈な個性を持って、装丁と向き合った、斎藤昌三や青山二郎たち。

また、モダニズムの先頭を走って、今見ても斬新さの失われない東郷青児や佐野繁次郎の、モダンなデザイン感覚あふれる装丁。その一方、過剰な装飾の一切を排し、シンプルこの上ない〈純粋造本〉を追求した、江川正之、野田誠三や「細川本」の質の高い仕事も忘れがたい。

そして何よりも装丁、いや本人言う処の「装本」に生涯をかけた版画家・恩地孝四郎の膨大な量の装本作品と、装本に関する数々の論稿などは、我が国の装丁史上に初めて登場した装丁専門家による、欠くことの出来ない大きな達成である。

さらに、北園克衛、瀧口修造、吉岡実ら詩人たちによる、極めて優れた本作りも忘れられない――それらは、詩人の余技などというレベルではなく、デザイナーたちにも強い衝撃を与えたほどに、磨ぎ澄まされた感性の結晶のような本文組に始まる、見事な造本であった。

だが、そのあたりまでの風景は他に譲ることとして、ここでは与えられた〈デザイナーが造った本〉という言葉をキーワードに、装丁の基盤に画家たちの個性ではなく、グラフィックデザインを血液として、装丁、ブックデザインに立ち向かった者たちについて述べることとする。

ブックデザインの先駆け

画家や工芸家たちによる装丁という感覚ではなく、グラフィックデザイナーが明確な意志をもってブックデザインに取り組んだという視点に立って眺めると、その先頭を歩む姿が浮かんでくるのはやはり原弘《はらひろむ》（一九〇三〜一九八六）であろう。

原弘の活動は実に長きにわたる。一九一八年、東京府立工芸学校（現・都立工芸高等学校）に新設された製版印刷科の一期生として入学。卒業後、そのまま学校に残り後進の指導にあたった。そして約二十年に及ぶ長い教員生活の中で、広く海外の構成主義やダダ、さらにバウハウスなどのデザイン思想にいち早く注目し研究を続けた。

その中でもヤン・チヒョルトによる新しいタイポグラフィへの激しく熱い論説や、モホリ・ナギによる活字と写真による新しい表現に深く共鳴し、チヒョルトの『DIE NEUE TYPOGRAPHIE』は自ら『新活版術研究』として抄訳し工芸学校の印刷科研究会から小冊子として刊行した。

二〇〇四年夏、東京の庭園美術館において、「幻のロシア絵本一九二〇〜三〇年代展」が開催されたが、この中の一部に、原が当時集めたロシアの絵本三十九冊が展示されていた。この中でも写真と文字の組合せによる絵本に原が強い関心を示していたのが興味深かった。先にふれたモホリ・ナギの思考の線上にあった原の関心は、その後、第二次大戦中の国策宣伝大型グラフ誌『FRONT』の革新的な編集デザインへと繋がっていくのが良く判る。

ところで原の戦前の活動は教育者、研究者としてのものがほとんどであって、グラフィックデザイナーと自覚したのは戦後となってからだと、原自身がかつて述べている。

一九三三年頃、我が国のアートディレクターの先駆けとなった太田英茂は、当時十代の少年図案家だった亀倉雄策に「君は原弘という人を知っているか。この人は考え方が立派なんだ。技術はシロウトだが、頭で図案を描く人だ」と語っているが、この言葉は原弘のデザインの本質を言い当てていよう。

ブックデザインの巨星と位置づけられている原であるが、この分野に意欲的に取り組むのは戦後になってからである。戦前、戦中の学究的知識と教養がブックデザインの世界において、あふれ出るような仕事の量と質となって結実するのである。

原は四六判などの小型な書籍の装丁から大型本、豪華本まであらゆる書籍分野において、膨大な数の作品を残しているが、そこに一貫しているのは、デザインしてあることを感じさせないブックデザイン。どこに仕事をしているのか素人には判らないような、まさに玄人の仕事といえよう。用いる素材の的確な選択と、タイポグラフィへの周到な配慮と設計とで、内容にピタリと合った、たたずまいの書物にまとめあげる目線と腕は見事という他ない。原のブックデザインを一言で表現すると〈オーソドックスな品格〉となろうか。

そして今日、原の評価をゆるぎないものとしているのは、デザイナーとしての視野の広さである。先にふれた原の学究的素養と関心は、グラフィックデザインだけの狭い世界にとどまらず、製紙、クロス、活字そして写植といったグラフィックデザインの関連分野の開拓と啓蒙に持続的な情熱をもって臨み、グラフィックデザイン、そしてブックデザインの世界に計り知れないほどの大きな貢献と足跡を残したことにある。

写真で、素材への細心の目配りなどを伝えることは、はなはだ困難であり、膨大な作品の中からどれを紹介するかと苦慮するばかりだが、ここに原の代表作ともいえる『志野』（写真1）、『円空』（写真2）、『法隆寺』（写真3）の三作品と、これまでほとんど書影が紹介されることも無かった、『書物と活字』初版本のデザイン（写真4）を掲出しておく。機会に恵まれたらぜひ実物を観賞して、帙《ちつ》や畳紙《たとうし》といった日本古来の器に、洋装の豪華本が納まる、和魂洋才の絶妙の技を確かめてほしい。

原と同世代のグラフィックデザイナーに河野鷹思《こうのたかし》（一九〇六〜一九九九）がいる。まことに才能豊かで多彩な彼の仕事は映画ポスター、舞台美術、パッケージデザインなど多岐にわたっており、これが戦前の仕事かと思うほど、今見ても新鮮でモダンである。この人のブックデザインは、色彩感覚に天成の冴えを見せ、原とはひと味違った江戸前の粋な感覚が感じられる。

そんな作品の中から『茶道名器鑑』（写真5）、『京都』（写真6）を挙げておく。

この二人から十年ほど若い処に亀倉雄策（一九一五〜一九九七）がいる。我が国の戦後のグラフィックデザイン界をリードした亀倉は、世に名高い、東京オリンピックのポスターを始めとして実に数多くの優れたデザインを残しているが、彼のブックデザインもまた、原の深さと渋さや、河野の枠とは異なる、いかにも亀倉らしい、力強さと明快さを備えた作品として数多く残されている。『ポール・ランド作品集』（写真7）、『李朝の民画』（写真8）。

亀倉の長年にわたる親友、早川良雄（一九一七〜）は、八十八歳の今も元気に制作の日々に在る。大阪に生まれ、大阪府立工芸学校図案科に学んだ彼は、関西人特有のはんなりとした豊かな色彩感覚に優れ、原や河野や亀倉たちの構成的でガッチリとした東京的なデザイン感覚とは趣を全く異にした、やわらかな表情を持つ優れたブックデザインを残している。『画業 泉茂』（写真9）、『木内 克 ローマ鑞型全作品 エーゲ海に捧ぐ』（写真10）。

これまでに述べてきた彼らの仕事の多くが、実は本文ページからのデザイン設計という点にまでは、手が届いていない。時代がまだそこまで来ていなかったのであろう。全身をもってブックデザインと取り組み、他者の追随を許さない開拓者の原弘でさえ、洋紙の開発や、活版、写植への積極的関与などブックデザインを全体的にとらえ、思考し、デザインをしながらもこの点は同様だった。当時、本文の組み方に関しては、一般的に各出版社それぞれにハウス・ルールとして、厳格に編集者側の手中にあり、デザイナーの踏みこめるジャンルではなかった。

写真1[*1]
D: 原弘
『志野』
荒川豊蔵
朝日新聞社

作品のデータは、写真番号、D:デザイナー、『書名』、編著者、発行元の順。「写真提供」は本書掲載写真の提供者

写真2[*1]
D: 原弘
『円空』
谷口順三、後藤英夫
求龍堂

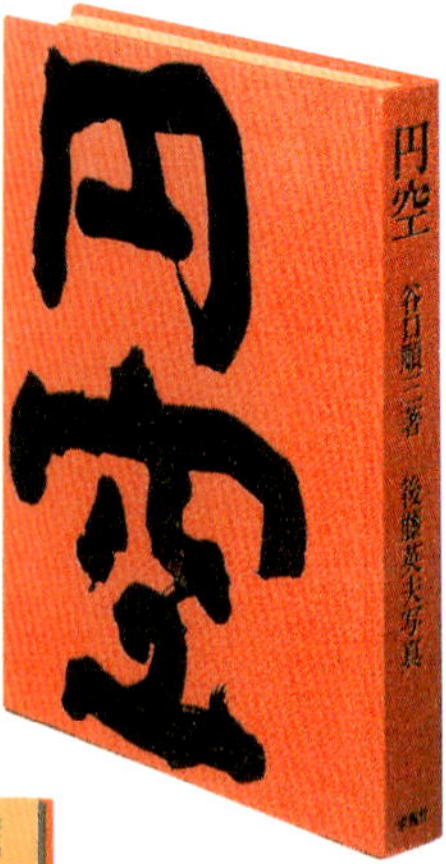

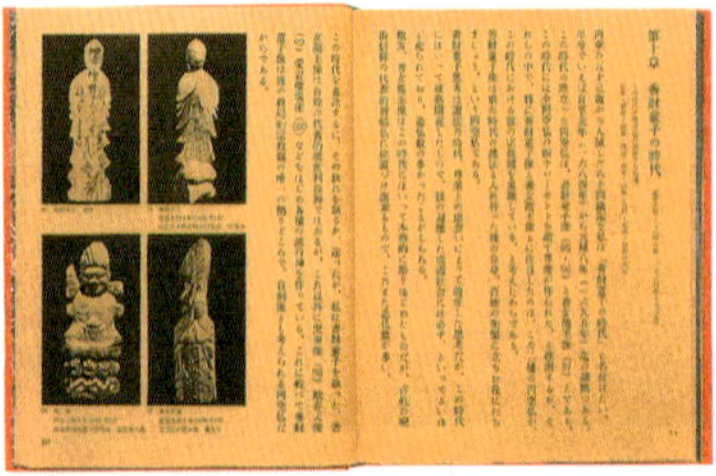

写真3[*1]
D: 原弘
『法隆寺』
法隆寺金堂壁画再現委員会編
朝日新聞社

写真4
D: 原弘
『書物と活字』
今井直一
印刷学会出版部

写真5[*1]
D: 河野鷹思
『茶道名器鑑』
山田健太郎編
求龍堂

写真6[*1]
D: 河野鷹思
『京都』
福田勝治
岩崎書店

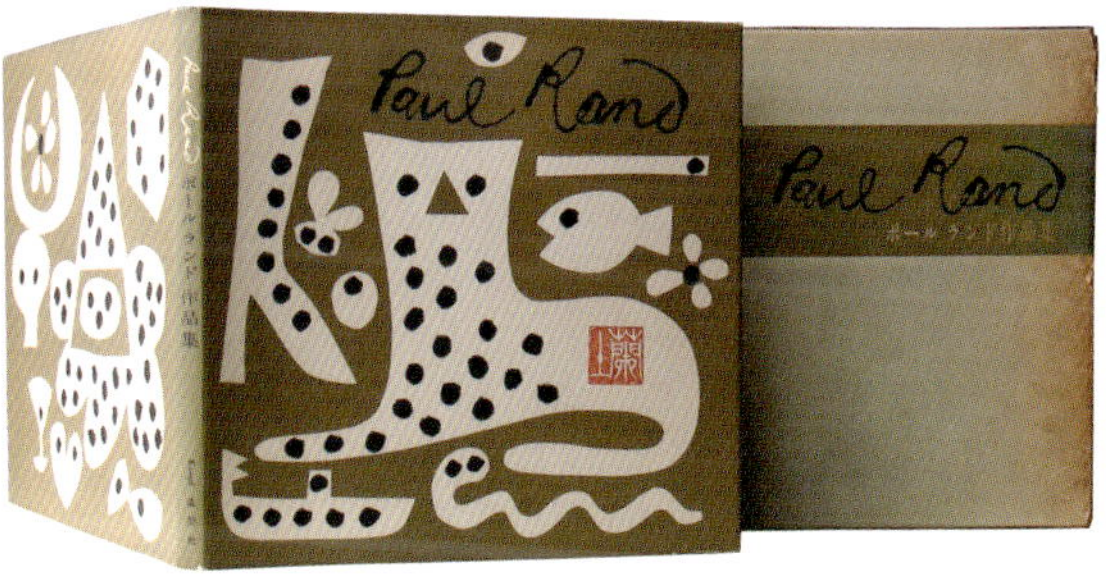

写真7　D: 亀倉雄策『ポール・ランド作品集』造型社

写真8[*1]　D: 亀倉雄策
『李朝の民画』志和池昭一郎、亀倉雄策
講談社

写真9 *2　D: 早川良雄『画業　泉茂』講談社
写真提供: 工藤強勝

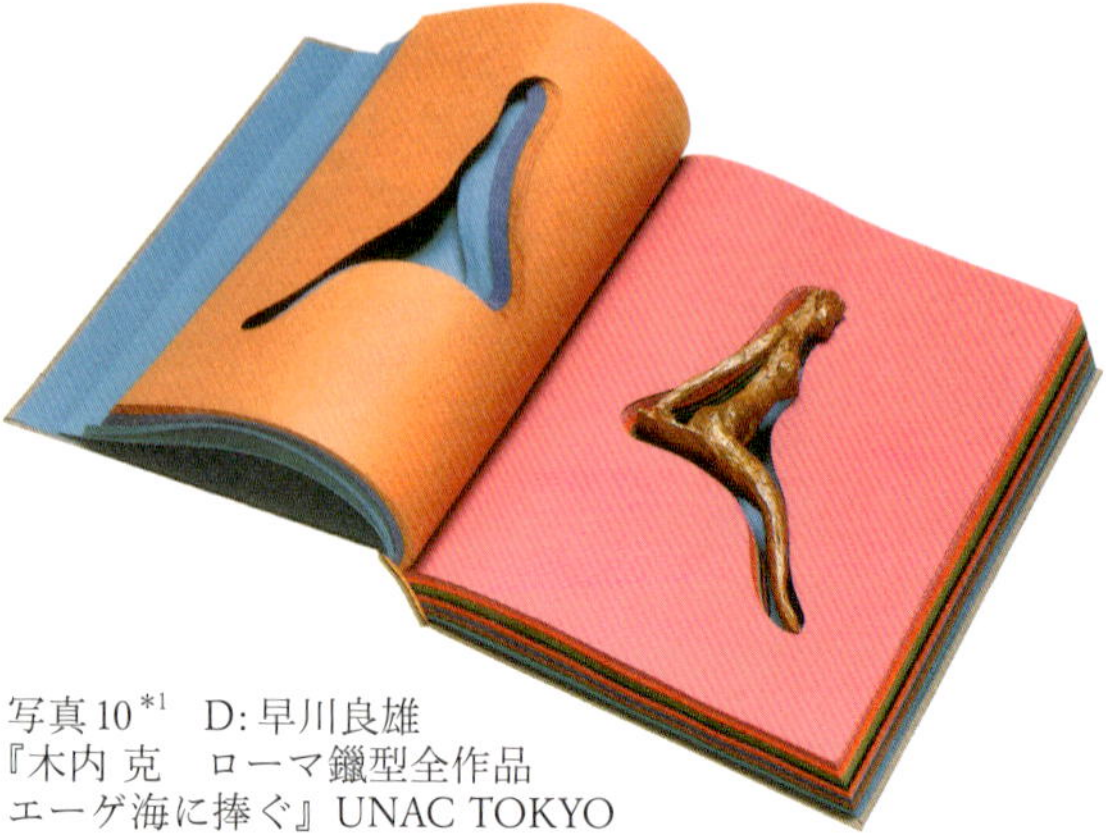

写真10 *1　D: 早川良雄
『木内 克　ローマ鑞型全作品
エーゲ海に捧ぐ』UNAC TOKYO

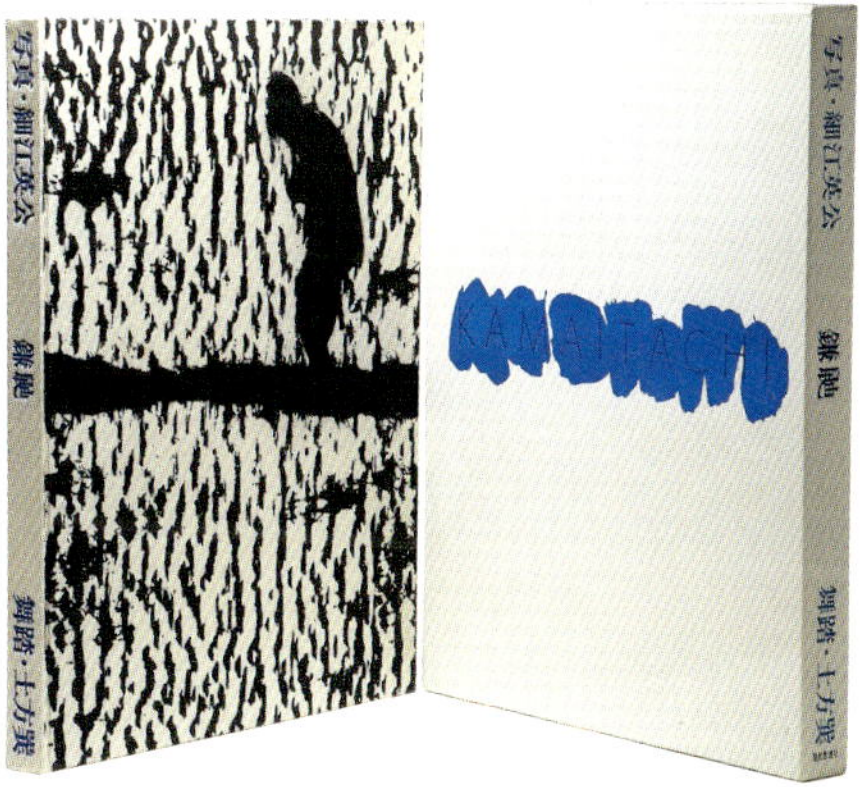

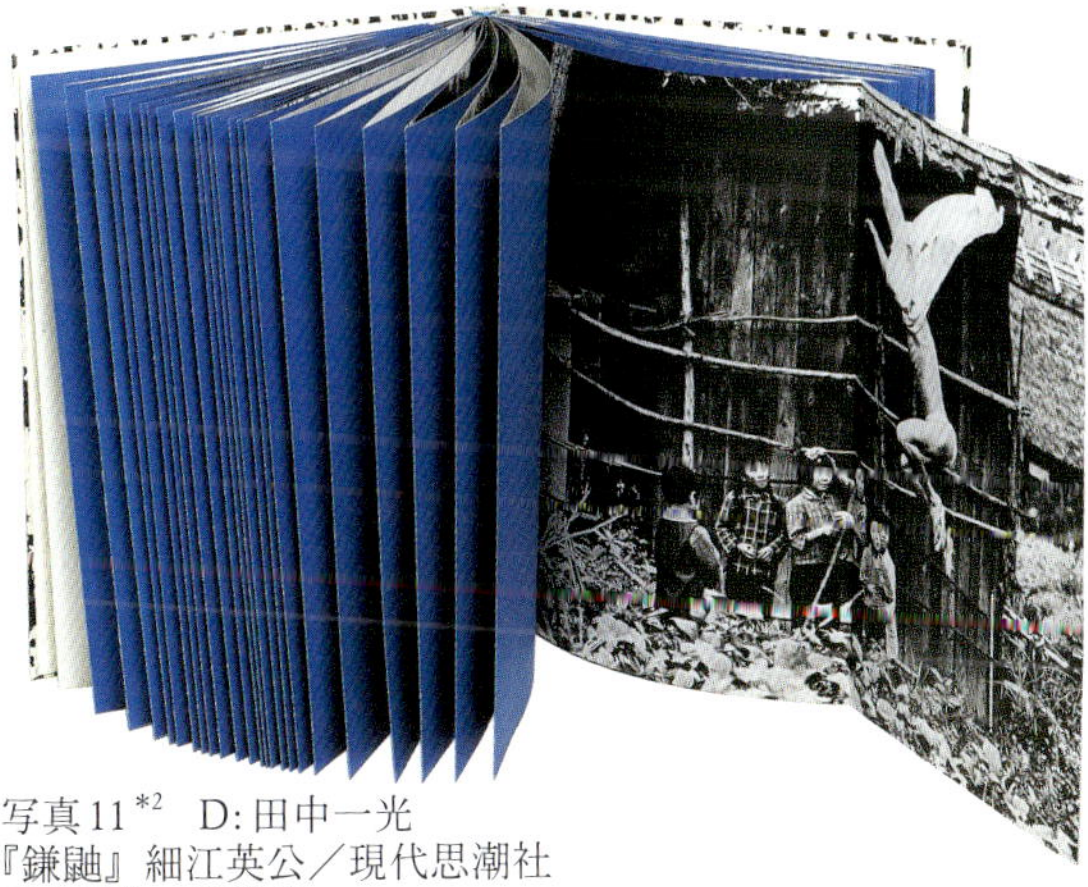

写真11[*2]　D: 田中一光
『鎌鼬』細江英公／現代思潮社
写真提供: 工藤強勝

写真12[*3]　D: 田中一光
『桂離宮』石元泰博／岩波書店

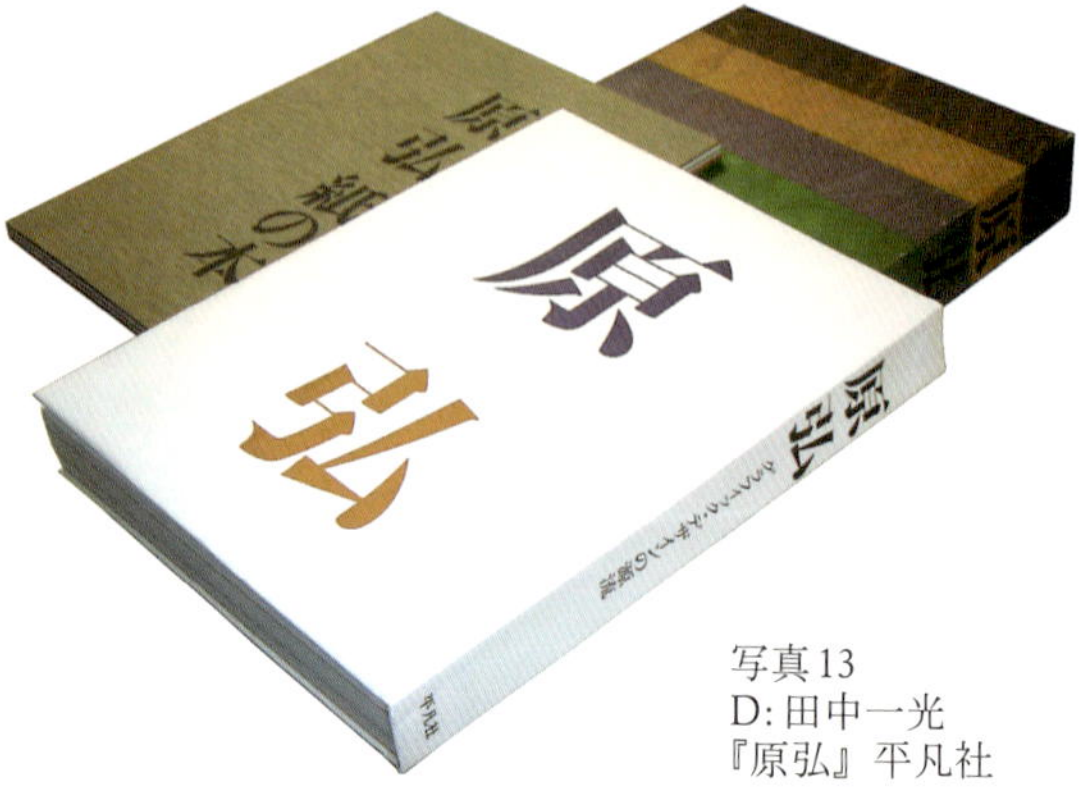

写真13
D: 田中一光
『原弘』平凡社

写真14 *2
D: 杉浦康平
『全宇宙誌』
松岡正剛編
工作舎
写真提供: 工藤強勝

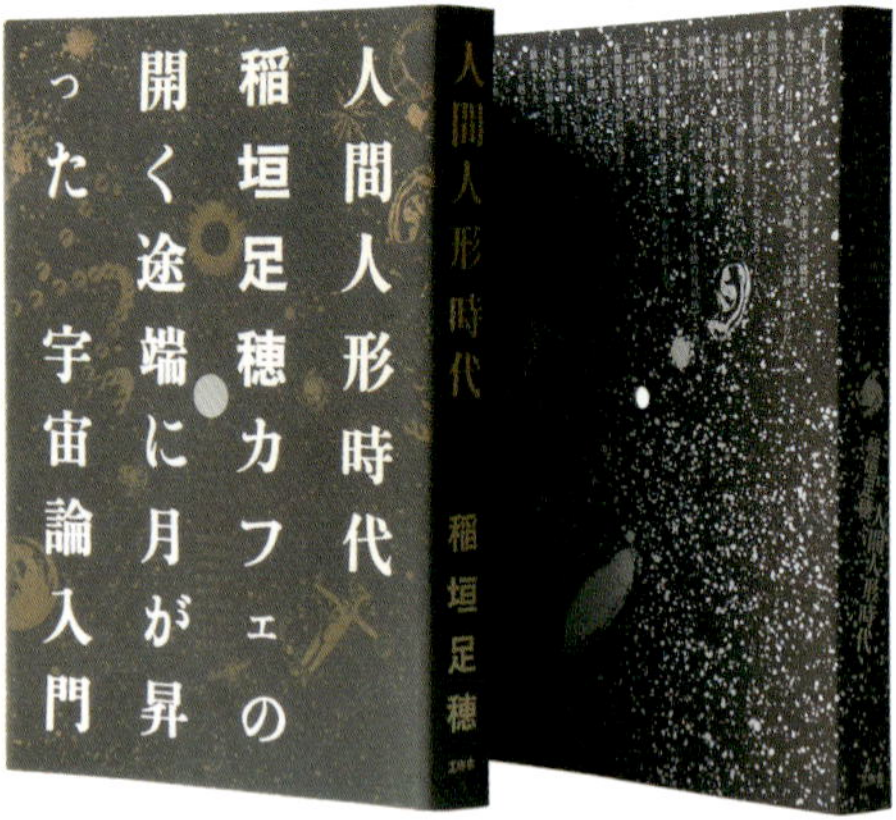

写真15　D: 杉浦康平『人間人形時代』稲垣足穂／工作舎

写真16
D: 杉浦康平
『日本のかたち・
アジアのカタチ』
杉浦康平
三省堂

写真17[*1]
D: 清原悦志
『吸血妖魅考』
日夏耿之介
牧神社

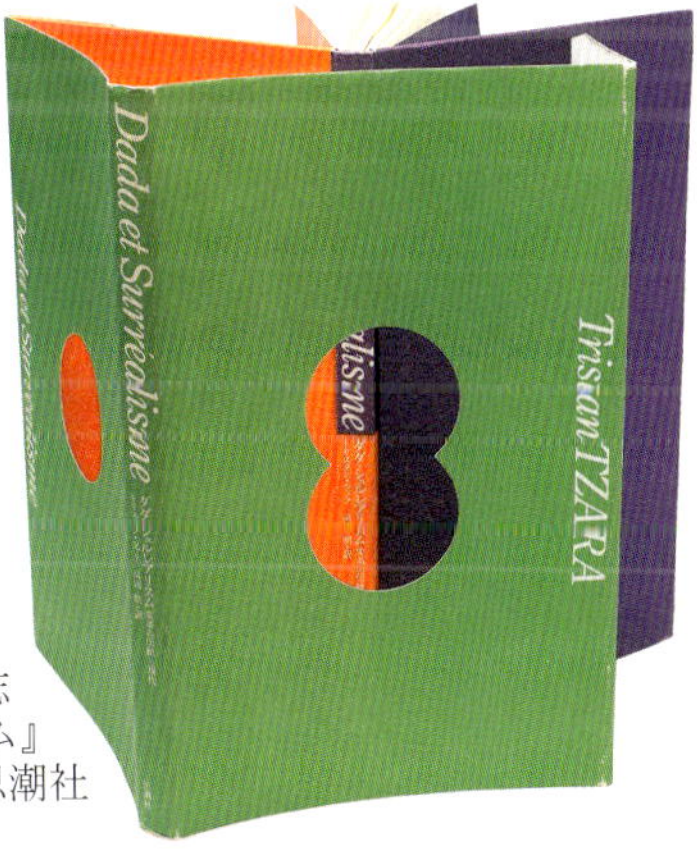

写真18[*2]　D: 清原悦志
『ダダ・シュルレアリスム』
トリスタン・ツァラ／思潮社
写真提供: 工藤強勝

写真19 *1
D: 粟津潔
『谷川俊太郎詩集』
思潮社

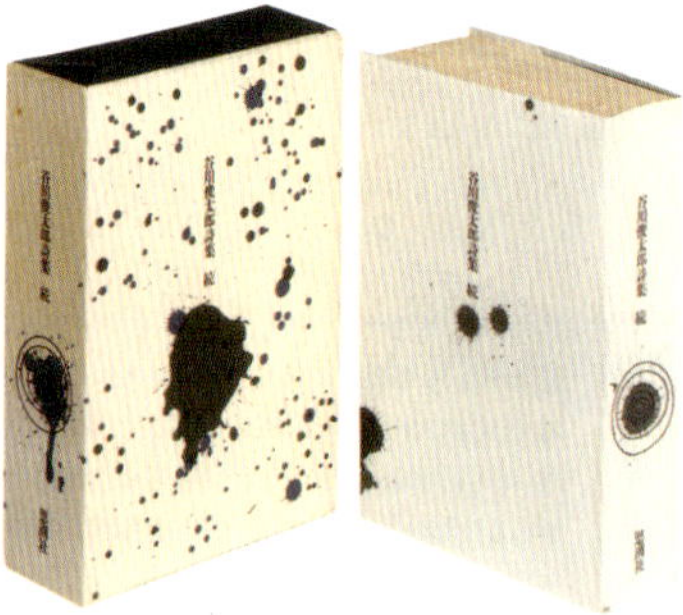

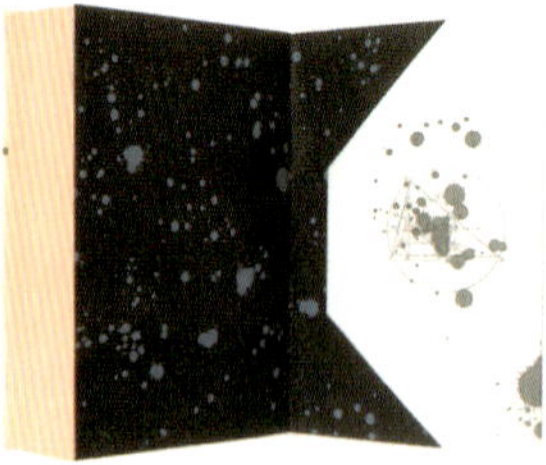

写真20 *3
D: 粟津潔
『本の美術史』
小野忠重
河出書房新社

写真21 [*2]
D: 勝井三雄
『スペイン 偉大なる午後』
奈良原一高
求龍堂
写真提供: 工藤強勝

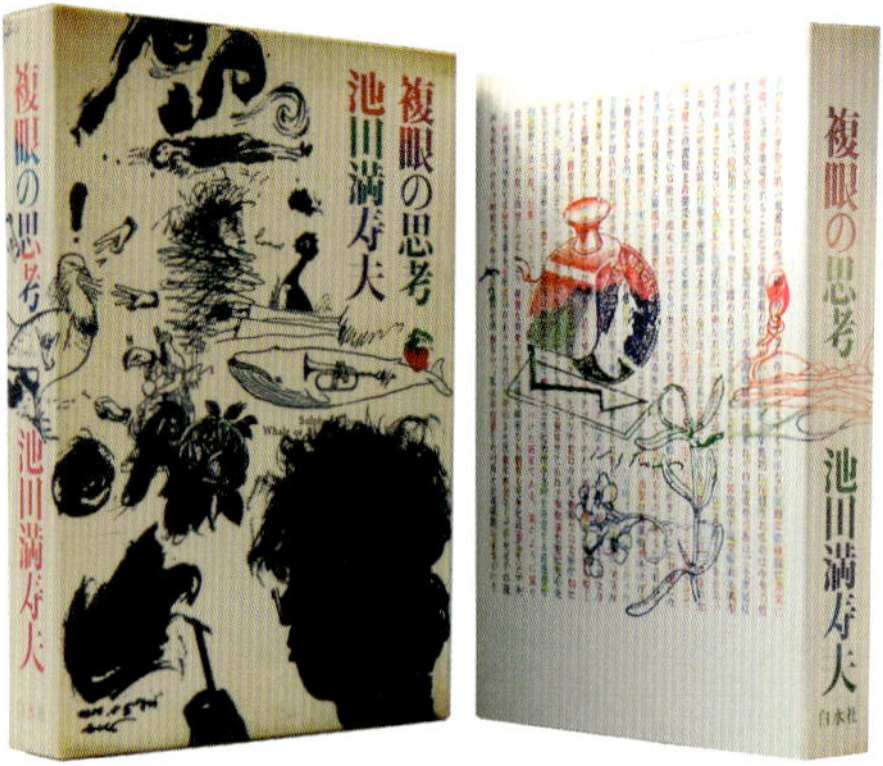

写真22　D: 勝井三雄
『複眼の思考』池田満寿夫／白水社

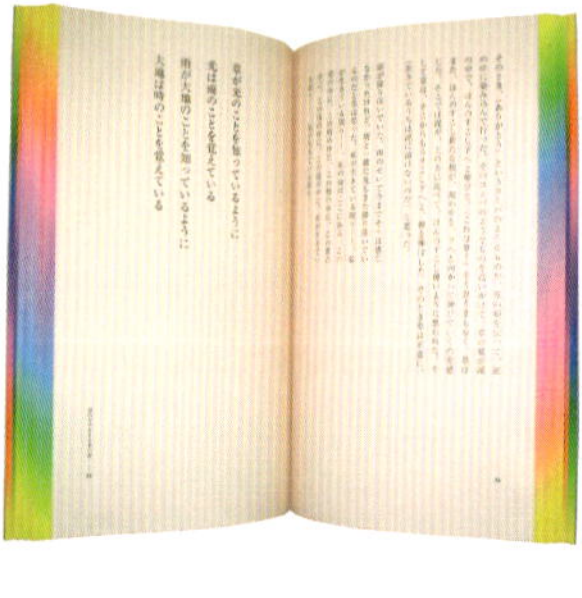

写真23　D: 勝井三雄
『草木たちの朝』
谷口江里也
ECS（エリアス・クリエイティヴ・スターシップ）

写真24 *1
D: 横尾忠則
『薔薇刑』
細江英公、
三島由紀夫
集英社

写真25 *1
D: 横尾忠則
『江戸のデザイン』
草森紳一
駸々堂出版

写真26[*1]　D: 横尾忠則
『絵草紙 うろつき夜太』柴田錬三郎、横尾忠則／集英社

続く世代

この先人たちの未踏の分野を、グラフィックデザイナーの情熱によって、少しずつこじ開けていったのは、亀倉たちよりさらに一世代若い、気鋭のデザイナーたちだった。

一九五〇年代後半から、ヨーロッパやアメリカの先進グラフィックデザインの情報がどっと流れ込む時代を迎え、そして一九六〇年に東京で開催された世界デザイン会議と一九六四年の東京オリンピックによって、我が国のデザイン、とりわけグラフィックデザインは黄金時代を迎えることになる。亀倉たちが海外から持ち帰ったデザイン情報に大きな啓示を受けた、当時三十歳前後の才能あふれるグラフィックデザイナーたち――田中一光、杉浦康平、粟津潔、清原悦志、勝井三雄、横尾忠則らは、原弘や亀倉雄策たち先輩の優れた仕事や、スイス派のタイポグラフィ、自由闊達なアメリカン・タイポグラフィなどの熱波を身体中で浴びて、先輩たちよりもさらに深く、熱くブックデザインの世界に踏みこんでいった。

原や亀倉たちの時代の造本、製本はオーソドックスなものがほとんどであった。しかし、続く世代の手になるブックデザインは、造本、製本の面からも様々な思考と実験が試みられ、実に自由な姿、形と表情を持つこととなる。

奈良に生まれ、京都に学んだ田中一光（一九三〇〜二〇〇二）は、日本はもとより、世界で最も大きな足跡を残した戦後世界を代表するデザイナーの一人であろう。彼のデザインフィールドは誠に多方面に及んでいるが、そのいずれもが、豊かな情感とあふれる色彩感覚、的を絶対に外さないシャープなデザインで貫かれていて、見事という他はない。

原弘を深く敬愛する彼は、原がそうであったように、デザインをとりまく周辺企業を、先見性と高い精神性をもって大きく円環状に繋ぎ、常にグラフィックデザイン界全体のレベルアップを目指して、行動し続けた。その姿勢は、企業人からもデザイナーからも厚く信頼され、他の才能の及ぶ処ではなかった。

若い頃から早川良雄の仕事に魅了されていた田中の仕事は、同じく豊かな色彩感覚に優れ、ブックデザインにおいても数えきれない名作を残している。

彼のブックデザインの仕事はそのほとんどが本文ページの設計レイアウトから始まって、トータルに本全体をデザインしている。

細江英公の写真集『鎌鼬《かまいたち》』（写真11）では、全ページをノド近くで切り開くという特異な片観音折りとも言うべき造本設計が実にユニークで、書名のまがまがしさに呼応するかのごとく、見事なアイデアである。彼はブックデザインを、グラフィックデザイン全体の中でも格別なものとして捉え、制作を楽しんでいた。『桂離宮』（写真12）、『原弘』（写真13）。

田中一光がデザインの〈情〉を代表するとすれば、その〈知〉を代表するのが杉浦康平（一九三二〜）であろう。杉浦はデザイナーとしてのスタートからコマーシャリズムの仕事とは距離をおき、ポスターや、レコードジャケットなどのグラフィックデザインに専心してきたが、その中でもブックデザインは、彼のデザイン活動の大きな中心となっている。

東京芸大の建築学科卒という他に例をみない、構築的思考性は、これまで述べてきた誰の才能とも異なる、杉浦だけの微細かつ緻密で、驚くほどに重層的構造的なブックデザインの世界を開拓し、我が国のブックデザインに、かつてない広大な地平と深い空間性を獲得した。

紙を折り、それを幾折も重ねて、そこに立ち上がる、時空間性をそなえた三次元のオブジェとして、杉浦の書物へのこだわりは、書物を構成するいかなる細かな要素もゆるがせにせず執拗に取り組み、本文組への細密な設計思考は言うに及ばず、小口、見返し、折り丁、インキ、用紙、断裁など書物のあらゆる断面に彼の思考は及び、印刷・造本の限界へ挑み続けるその姿勢は、ブックデザインを目指す後進たちに、誠に大きな刺激と希望を与える存在となった。

明晰なデザインと造本にあふれる杉浦の仕事から代表作を選ぶことすら難しいが、『全宇宙誌』（写真14）は表紙、見返し、本文の全ページと、すべてが宇宙の漆黒の闇に覆われていて、そこに、銀河の煌《きら》めきのごとく微細なテキスト文字や図像のすべてが白抜きで浮かび上がる。小口を片方にズラすとそこに星雲が浮かび上がり、逆にズラすと星座が現出する。その圧倒的な物質性と存在感は、紙の彫刻を思わせる。制作に数年を要したこの本を、刊行から二十五年経った今、はたして再び作ることが出来るであろうか。デザインは言うに及ばず、製版、印刷、製本とすべてにわたって、プロフェッショナルたちの確かな技量と矜持《きょうじ》を見る思いがする。

『人間人形時代』（写真15）は、人間は一本の管であるとした著者・稲垣足穂の思いそのままに、本の中心に表から裏表紙まで穴を穿《うが》たれた、意表をつく造本である。もとより本文は全ページ、この直径七ミリの穴をさけてたくみに組版されている。一冊に注ぎ込まれる杉浦の視線と手法の執拗なまでの精密性は驚くばかりである。

スイス派的デザインに共感した前期の仕事からは想像もつかないほどに、近年の杉浦はアジアの精神世界とそのエネルギーの中に身を置いて、前期とは異質のブックデザインを続けているが、そこに共通しているのは、旺盛な知的探求心と、多層的で緻密な表現世界である。『日本のかたち・アジアのカタチ』（写真16）。

北園克衛の感性に強く共振し、タイポグラフィに先鋭な思考を見せた清原悦志（一九三一〜一九八八）は杉浦に近い地平に立ち、知的で精緻な本文設計から始まるブックデザインを続けた先駆けの一人である。『吸血妖魅考』（写真17）では本文見開きの組みをT字型に組み、『ダダ・シュルレアリスム』（写真18）では、ジャケットに穴を空け、本文は前と後から組みを上下逆にして進み、中央で合う構造となっている。鋭いタイポグラフィへの感性が記憶に残る二冊である。早逝がまことに惜しまれる。

田中や杉浦たちよりわずかに年長だが、彼らとは全く異なるデザイン思考でブックデザインに取り組んだ粟津潔（一九二九〜）は、コマーシャルなデザインからは距離を置き、若い日に社会派のベン・シャーンの絵に強く共感したことからも伺えるように、民族的、土着的なエネルギーへの関心を持って、その初期には指紋や印鑑をペタペタと印したデザインが記憶に残るが、田中や杉浦たちのモダン・デザインとは一線を画した、野太い感覚の印象的な造本を数多く残している。『谷川俊太郎詩集』(写真19)、『本の美術史』(写真20)。

勝井三雄(一九三一〜)は、PR誌『エナジー』における優れたエディトリアル・デザインが記憶に残るが、初期の仕事で鮮烈なのは奈良原一高写真集『スペイン偉大なる午後』(写真21)のブックデザインである。全ページが両観音開きの造本は、映像的躍動感と連続性が見事である。『複眼の思考』(写真22)など製版印刷への深い知識に基づいているのも勝井の仕事の特徴である。

デジタル技術に早い時期から着目し、オーロラや虹の輝きを連想させる色彩感あふれる表情を持ったブックデザインの美しさは、『草木たちの朝』（写真23）など、独自の世界を成している。

もう一人、彼らと同世代でブックデザインの〝名人〟横尾忠則（一九三六〜）がいる。一九六〇年代から七〇年代にかけては、そのイラストレーションや言動から、若者たちヒッピー文化のヒーローとなったり、休業告知や、画家宣言をしたりと、傍目には振幅の大きな行動に目を奪われがちだが、彼のブックデザインへの感性は豊かで飛び抜けて優れている。

『薔薇刑』（写真24）、『江戸のデザイン』（写真25）、『絵草紙 うろつき夜太』（写真26）など、もの凄い点数にのぼるブックデザインの、どれを取り上げても、印刷術を熟知した、その自由闊達千変万化のデザインは、それでいていずれもが書物としての品格と存在感にあふれている。

長年、出版デザインの世界に身を置く道吉剛（一九三三〜）は、硬質なブックデザインに確固とした仕事を残している。『ルイス・カーン』(写真27)。近作の『「桑沢」草創の追憶』(高松太郎、桑沢学園)も、無駄のない美しい書容をしている。

同じく長い経験を持つ廣瀬郁(一九三八〜)は、学生時代に原弘に学んでいる。その仕事は道吉とは対称的に、ふくよかで艶やかな表情を持っている。『モーツァルト』(写真28)。

平野甲賀(一九三八〜)は六〇年代半ばから、前衛演劇のポスターや、『ワンダーランド』誌など、アンダーグラウンドで前衛的な分野でエネルギッシュにグラフィックデザインを制作していたが、晶文社のすべてのブックデザインを一人で手がけ、その築き上げたデザインポリシーで、この新興の出版社は広く知られることになった。

平野は一貫して文字の持つ、パワーやメッセージ性を思考し、その独特な表情を持つ描き文字によるブックデザインのスタイルは、多くの支持を得た。『本郷』（写真29）、『父・長谷川四郎の謎』（写真30）。

ところで、優れたブックデザインを作り続けた、この世代のデザイナーたちに共通する大切な視点を見逃してはならない。

戦後どっと流れ込んできた、スイス派を代表とするヨーロッパ・デザインのタイポグラフィの版面の知的な洗練や、濃度のそろったグレートーンの美しさ。また、アメリカン・タイポグラフィの明るい躍動感などを目の当たりにして、我が国のグラフィックデザイナーたちは、漢字、ひらがな、カタカナ、さらにアルファベット混在の日本語の組版事情と、活版から写植への過渡期ゆえの書体の不備といった現実を前にして、こんなに美しい文字組のデザインなど出来はしないと、嘆息する時期があった。

だがこの難問から逃げずに、逆に日本の文字が本来持っている造形的な美しさを見直し、日本語の美しい組み方、タイポグラフィの達成に立ち向かった、この世代の多くのデザイナーたちの努力こそが、今日に繋がる美しい文字組の表情を持った、我が国のブックデザインを可能にしてくれたことを忘れてはならない。

ブックデザインの賑わい

七〇年代の末頃より、意識的にブックデザインと取り組みはじめた、菊地信義（一九四三〜）の仕事は、八〇年代に入り、多くの愛書家や著作者などから支持されるようになる。彼の手がけた本は俗に〈菊地本〉と称されて、ブームといえるほどの人気ブックデザイナーとなった。彼の装丁の特色は、広告制作者であった経験から、ブックデザインにマーケティングの発想を取り込み、〈惹きつける装丁、売れる装丁〉を始めから考えた点にある。それも、それまでブックデザイナーたちが手を染めることがまことに少なかった、文芸書を中心としていた点も特徴的であった。

用紙と文字表現へのこだわりが生み出す、静謐《せいひつ》でありながら華のある、艶やかな表情を持つ装丁は、彼に内在する文学的感性の視覚化、触覚化でもあった。彼の功績は、質量共に圧倒的な装丁作品そのものにあることは申すまでもないが、もう一点、その優れた仕事を通して、続く若い世代のデザイナーたちの視線を装丁に向けさせた点も、菊地信義の大きな功績であろう。

独得の表情を放つ、膨大な数の〈菊地本〉の中から代表作を挙げることは中々難しいが、二冊が屏風状に繋がったユニークな造本の『夢の佐比』（写真31）や、『高丘親王航海記』（写真32）、『奇蹟』（写真33）、を挙げておく。

おそらく戦後のブックデザイン最大の開拓者、杉浦康平のもとからは数多くの気鋭の後継者たちが輩出して、第一線で活躍している。

中垣信夫（一九三八〜）は長く杉浦康平の助手をつとめ、杉浦の後を追うようにウルム造形大に学び、帰国後は一貫して精度の高いブックデザインを制作している。『花鳥風月』（写真34）。『予感の形式 Trans Modern File』（写真35）は、ヴィベールを用いた表紙の触感が優しい。鈴木一誌《ひとし》（一九五〇〜）も同じく杉浦のもとで長く経験をつんだ後、独立し精緻なブックデザインを手がけている。『生体廃墟論』（写真36）は、半透明の塩化ビニールの外函と、メタリックな表紙の視覚効果が交錯する。

杉浦が関わりを持ったユニークな版元、工作舎のつながりからも、精緻なデザインが特徴的なブックデザイナーが輩出している。羽良多平吉《はらたへいきち》（一九四七〜）は繊細かつ甘美な色彩感とタイポグラフィへの鋭い目配りで独特な感性の本を作り出している。『一千一秒物語』（写真37）は、ジャケットの箔押し三度の色彩が絶妙に美しい。工藤強勝《つよかつ》（一九四八〜）は現在もっとも精力的にブックデザインに取り組んで活躍している一人で、タイポグラフィへの周到な取り組みと、精緻でかつ力強い構成が特徴的である。そのデザインは知的であるが華奢《きやしや》でなく、強いエネルギーを放射している。『鉄―四つの対話』（写真38）は、表紙に空けられた四角い穴から、溶鉱炉の炎をのぞくかのようである。『山東京山伝奇小説集』（写真39）。

戸田ツトム（一九五一〜）は先鋭なデザイン思考のもと、エディトリアル・デザインの分野において、いち早くDTPの可能性に着目し、時代をリードしてきた。現在、前出の鈴木一誌とグラフィックデザイン批評誌『d/SIGN（季刊デザイン）』を共同編集している。『D-ZONE』（写真40）。

田中一光の拓いた知と情のデザインは、杉浦と同じく多くの後継者たちに引き継がれているが、ブックデザインに関しては、中でも太田徹也（一九四一〜）に、しっかりとそのDNAは継承されているように見え

写真27　D: 道吉剛
『ルイス・カーン』中村敏男編／エー・アンド・ユー

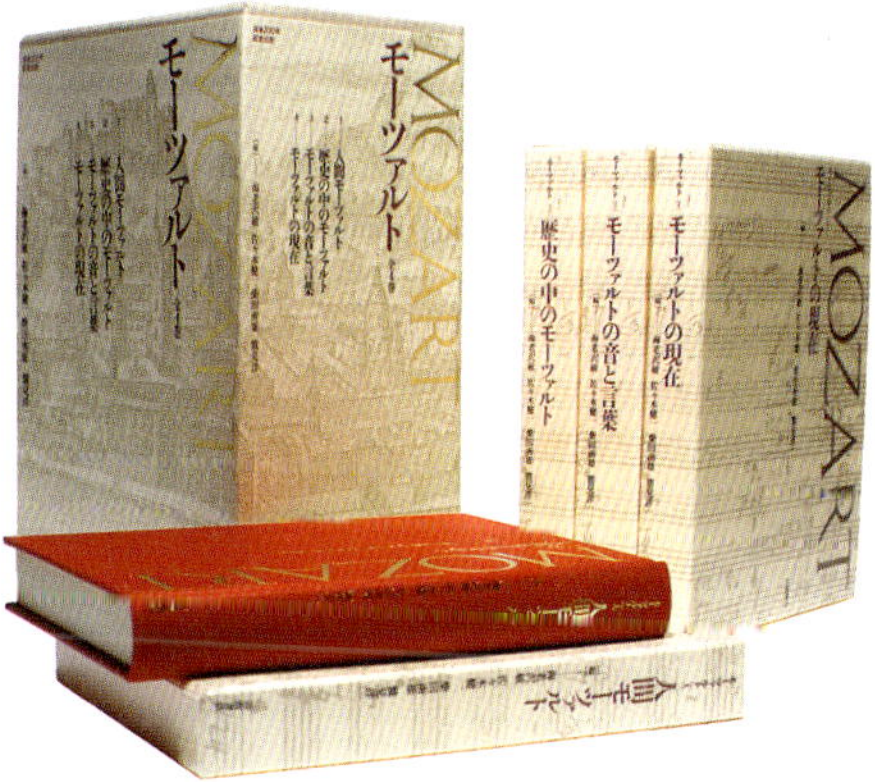

写真28　D: 廣瀬郁
『モーツァルト』海老沢敏ほか編／岩波書店
写真提供: 廣瀬郁

写真29 *1
D: 平野甲賀
『本郷』木下順二
講談社

写真30
D: 平野甲賀
『父・長谷川四郎の謎』
長谷川元吉／草思社

写真31 *2
D: 菊地信義
『夢の佐比』入沢康夫
書肆山田
写真提供: 工藤強勝

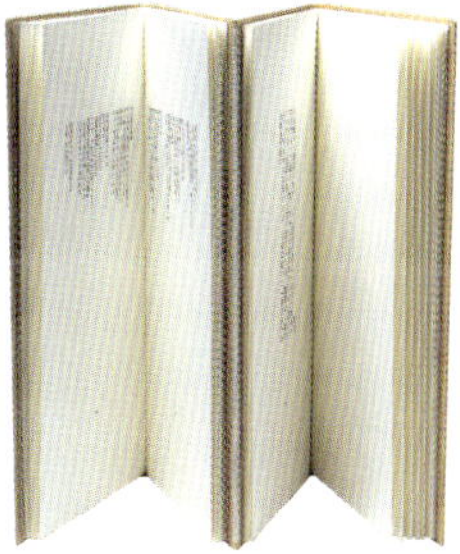

写真32　D: 菊地信義
『高丘親王航海記』澁澤龍彦
文藝春秋

写真33　D: 菊地信義『奇蹟』中上健次／朝日新聞社

写真34 *2　D: 中垣信夫
『花鳥風月』今井俊満／美術出版社
写真提供: 工藤強勝

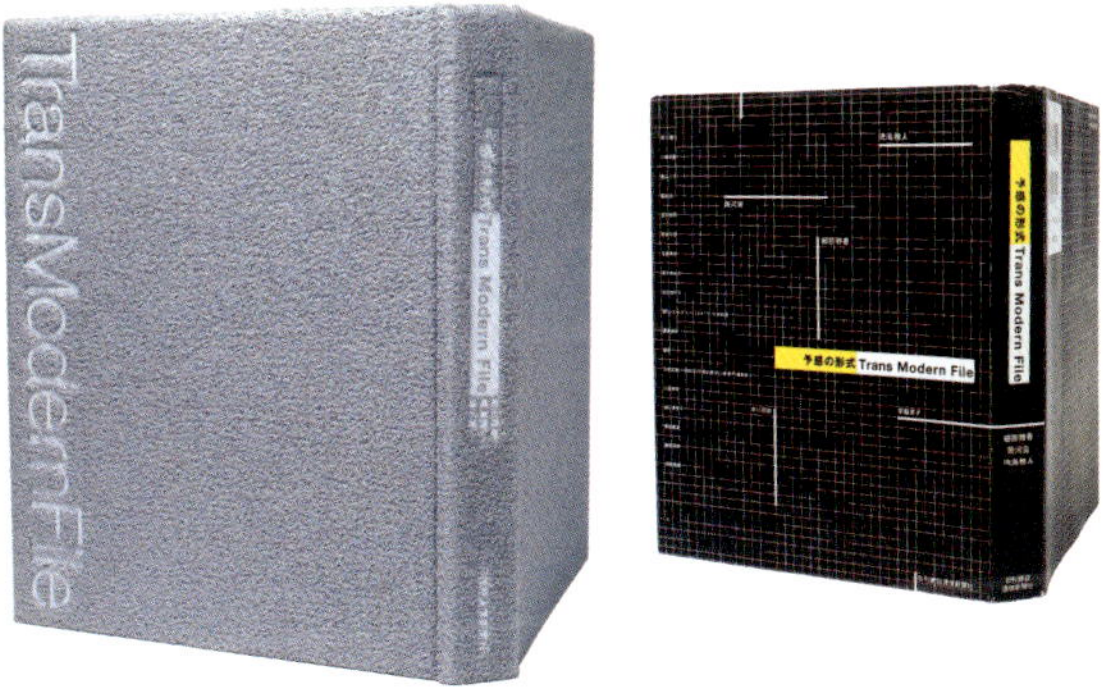

写真35 *2　D: 中垣信夫
『予感の形式 Trans Modern File』
細田雅春、岡河貢、鳴海雅人／日刊建設通信新聞社
写真提供: 工藤強勝

写真36 *2　D: 鈴木一誌
『生体廃墟論』
伊藤俊治／リブロポート
写真提供: 工藤強勝

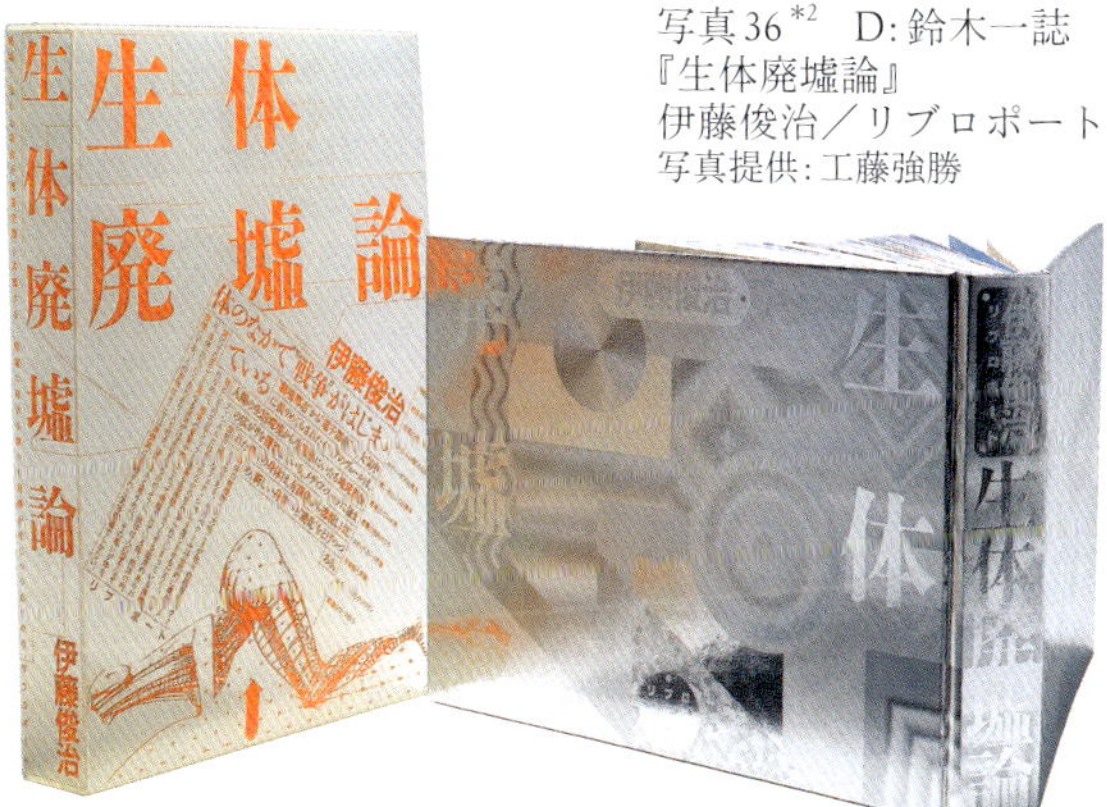

写真37 *4
D: 羽良多平吉
『一千一秒物語』
稲垣足穂
透土社

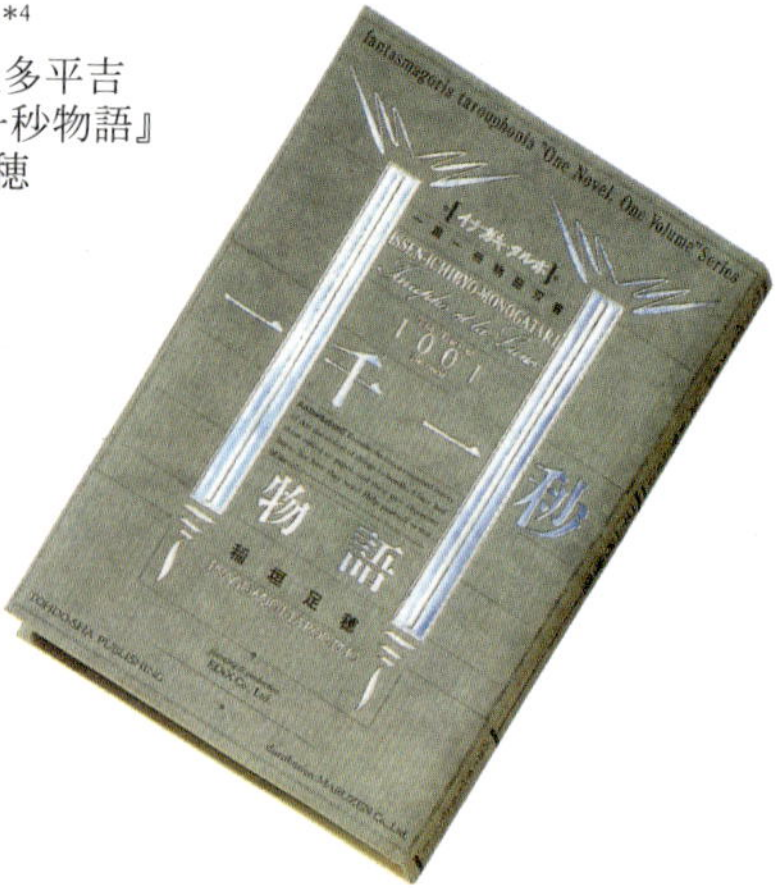

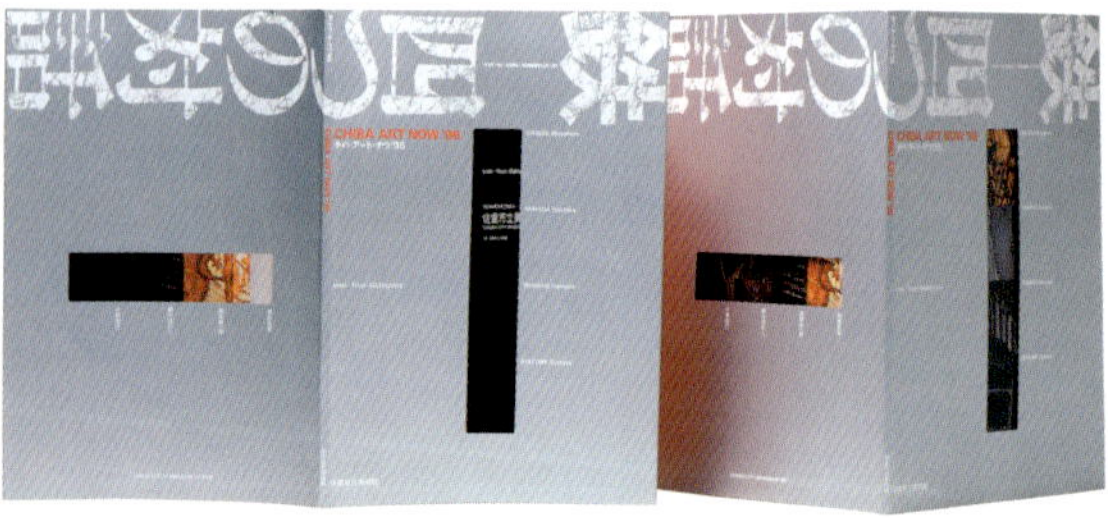

写真38 *2　D: 工藤強勝
『鉄—四つの対話』佐倉市立美術館　写真提供: 工藤強勝

写真39　D: 工藤強勝
『山東京山伝奇小説集』国書刊行会

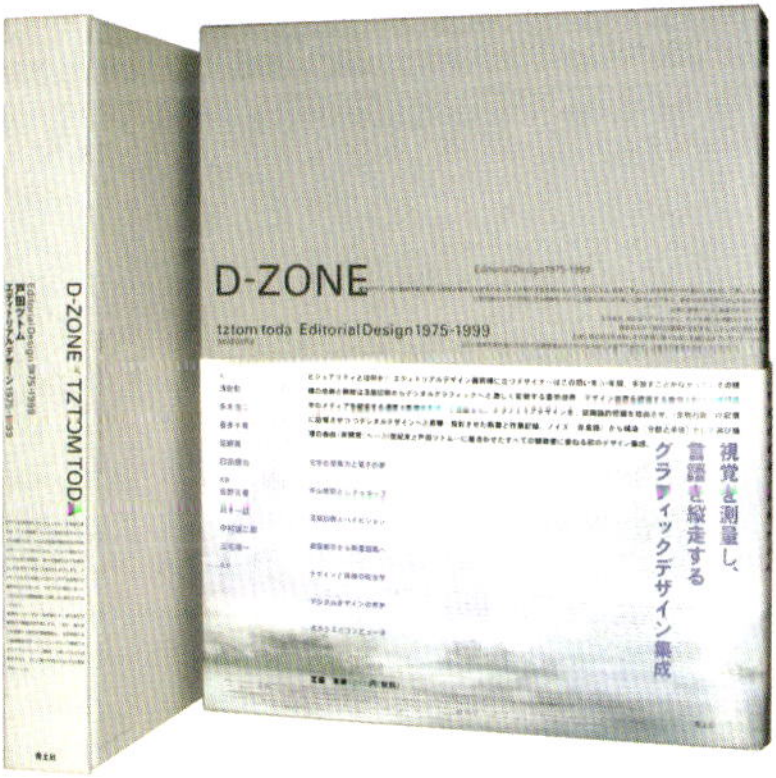

写真40
D: 戸田ツトム
『D-ZONE』
戸田ツトム
青土社

写真41　D: 太田徹也『青春図會 河野鷹思初期作品集』
川畑直道編／河野鷹思デザイン資料室

写真42　D: 太田徹也『Inside-Out:』太田徹也／Gallery5610

写真43　D:成瀬始子『ジョージア・オキーフ』
ローリー・ライル／パルコ出版

写真44　D:多川精一
『ヨーロッパ　アルプス』白籏史朗／山と溪谷社

写真45[*4]　D: 山崎登
『トプカプ宮殿の中国陶磁』レジナ・クラール／講談社

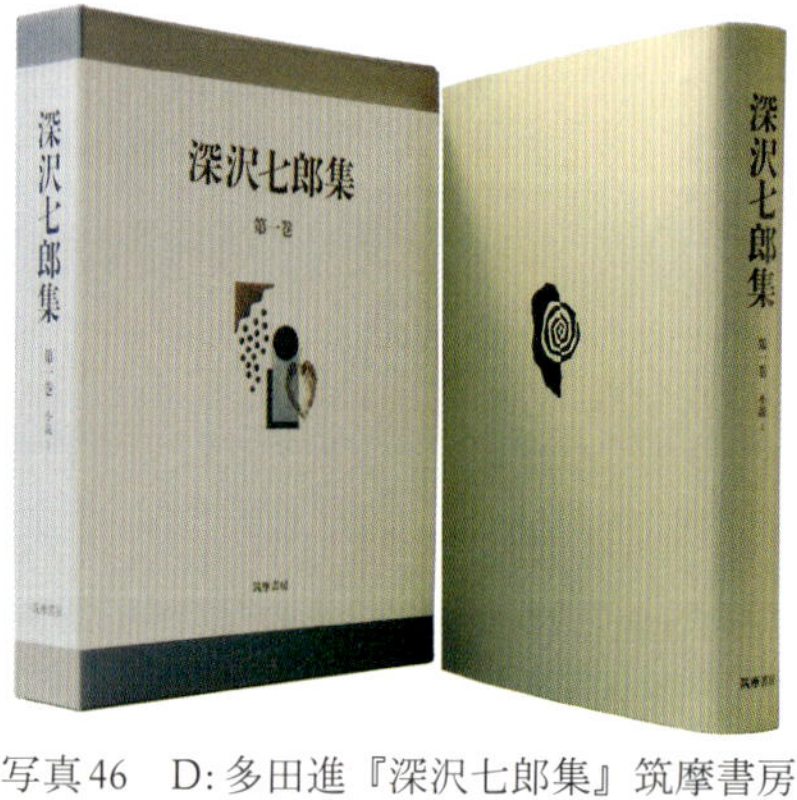

写真46　D: 多田進『深沢七郎集』筑摩書房

写真47
D: 鈴木成一
『図鑑少年』
大竹昭子
小学館

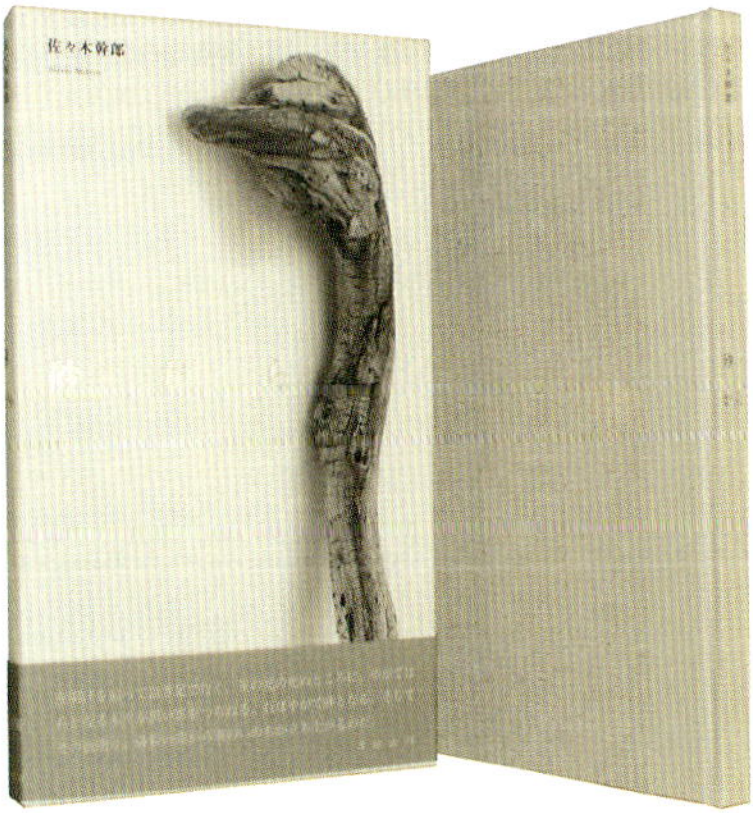

写真48
D: 間村俊一
『砂から』
佐々木幹郎
書肆山田

写真49
D: 間村俊一
『神聖喜劇』
大西巨人
光文社文庫

写真50
D: 水木奏
『須賀敦子全集』
河出書房新社

写真51
D: 望月玲子
『キス』
キャスリン・ハリソン
新潮社

写真52
D: 望月玲子
『九月の四分の一』
大崎善生
新潮社

写真53
D: 葛西薫
『江國香織詩集』
理論社

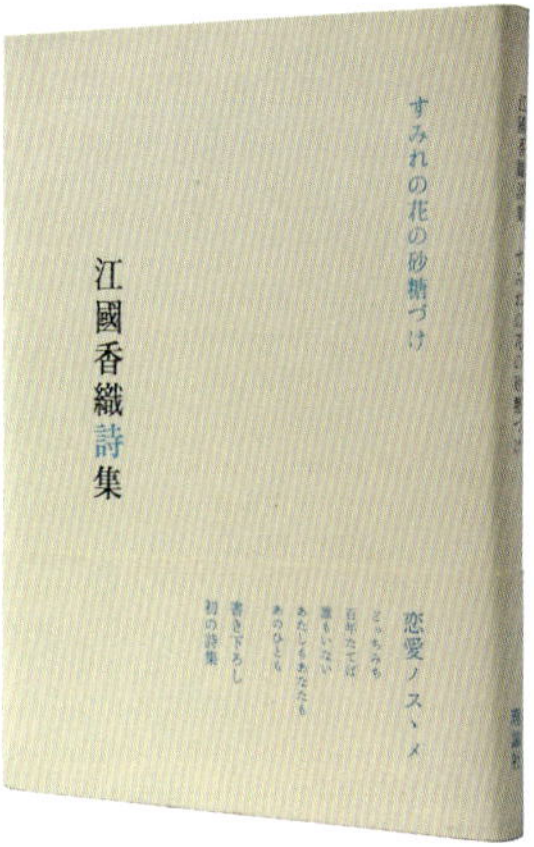

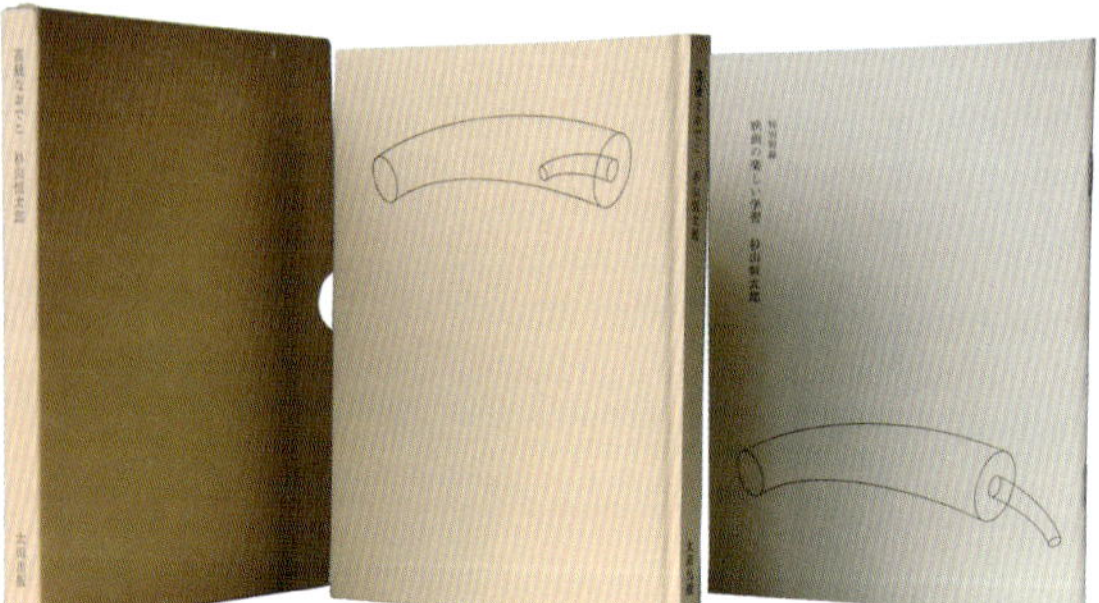

写真54　D: 葛西薫
『高級なおでこ』杉山恒太郎／太田出版

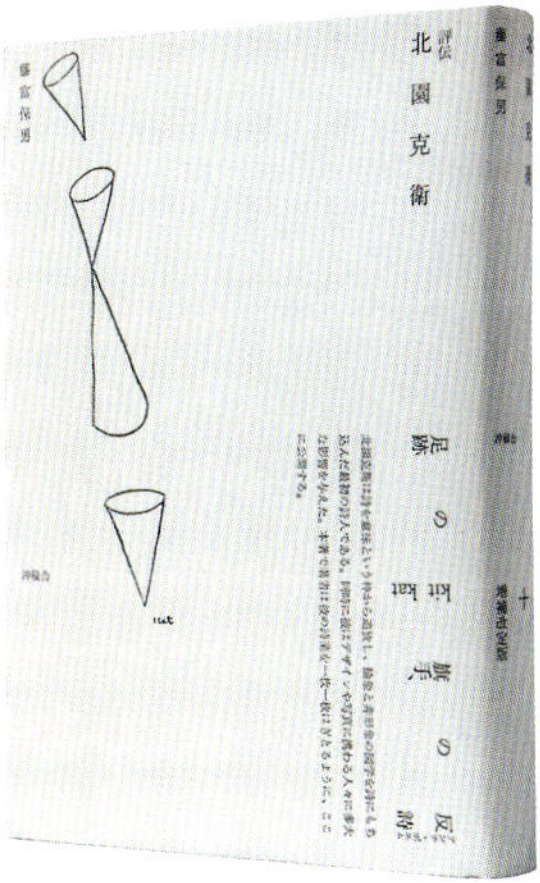

写真55
D: 山口信博
『評伝　北園克衛』
藤富保男
沖積舎

写真56
D: 山口信博
『ことばの森へ』
小山文雄
日本放送出版協会

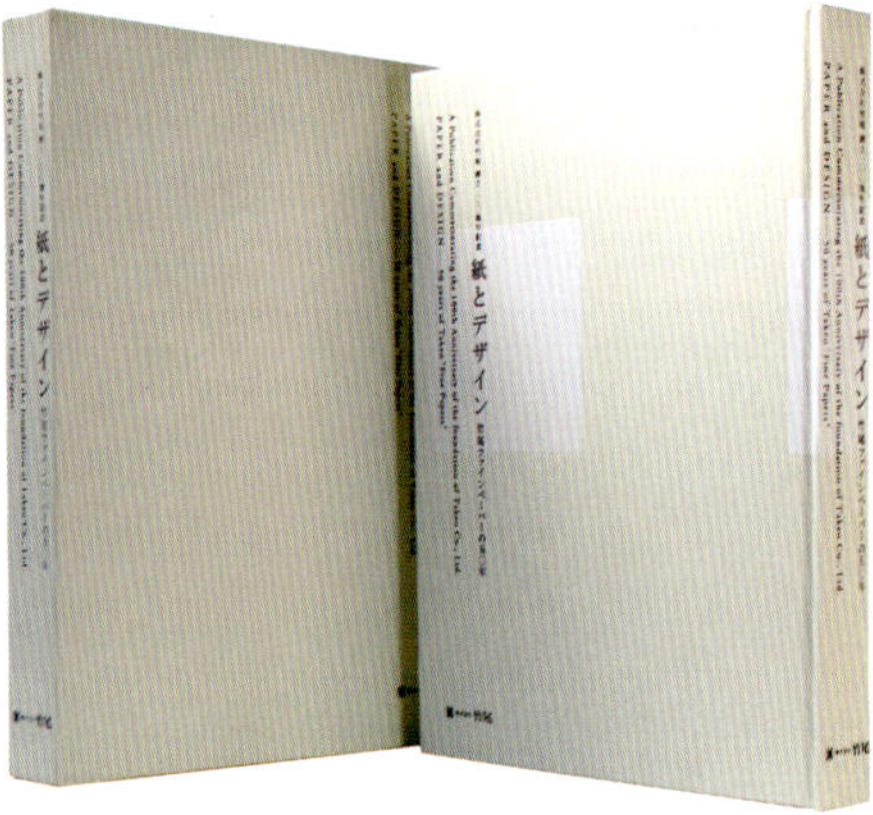

写真57
D: 原研哉
『紙とデザイン』
竹尾

写真58
D: 原研哉
『かたちの詩学』
向井周太郎
美術出版社

る。著作者のテキストをいじりすぎず、入り込みすぎず、著者の世界を表出していて、それでいて全体は太田の仕事の表情を持つという絶妙のバランス感覚は見事である。『青春図會』（写真41）。『Inside-Out:』（写真42）は、太田自身のブックデザイン展の図録だが、全ページがZ折りとでも言うべき、実にユニークな製本構造をしている。

〈折り〉で印象的なのは、成瀬始子《もとこ》（一九四七〜）による、厚手の用紙のジャケットを折り重ねる独自の造本で、その中でも『ジョージア・オキーフ』（写真43）は、モノクロームのデザイン処理の見事さと相まって秀逸である。

東京府立工芸学校の製版印刷科で原弘に師事し、その後も長く原と行動を共にした多川精一（一九二三〜）は、永年にわたって写真集のデザインなどに確かな仕事を残した。『ヨーロッパ アルプス』（写真44）。八十歳を超える今日まで出版デザインの現場に立つ一方で、戦中、戦後のエディトリアルデザインの語り部として、『戦争のグラフィズム』（平凡社）、『昭和宣伝広告の先駆者・太田英茂』（岩波書店）など貴重な著書を送り出している。

また原弘の仕事を二十年以上にわたって、その最期までアシストした山崎登（一九四五〜）は大型本、豪華本を中心に、師ゆずりの高い質の仕事を続けていて、『トプカプ宮殿の中国陶磁』（写真45）など、その作品には品格が漂っている。

一人静かにブックデザインを続ける多田進（一九三七〜）の、デザインの饒舌を押さえたその仕事は、著者より前に出ることはなく、抑制がきいていて、さりげないデザインの細部への目配りに気づかないことすらある。吉岡実の仕事にどこか通じるものを思わせるミニマムな装丁は、一代の名人芸であるかのようだ。『深沢七郎集』（写真46）。

ここ数年来感じられる、静かではあるがブームといえるような、ことに文芸書を中心としたブックデザインの熱気は、おそらく八〇年代から九〇年代にかけての菊地信義の目覚ましい仕事に、遠くその因を発しているように思われる。菊地に続く鈴木成一（一九六二〜）『図鑑少年』（写真47）や、間村俊一（一九五四〜）『砂から』（写真48）、『神聖喜劇』（写真49）の高い質と、幅の広い仕事に共通するのは、用紙と印刷とデザイン処理が三位一体となって、五感をくすぐる、知的で官能的なブックデザインであるということだろう。彼ら三人のブックデザインは時に、〈濡れている〉かのような魅惑的な表情を見せもする。間村のアナログ・デザイン作法は、デジタル全盛をものともせず、温もりを内包しながらの鋭い切れ味と、際立つ存在感が見事である。寡作と見受けるが水木奏の仕事も、彼らに近い表情を漂わせている。『須賀敦子全集』（写真50）。

今、出版界は七年連続でマイナス成長が続き、昨年若干持ち直したものの、長く暗いトンネルからまだ完全には抜け出せないでいる。しかし、書店の新刊平台の賑わいを見る限りにおいては、そんな不況が信じられない程である。

ブックデザインは、何故かとても元気である。

デザイン雑誌はブックデザインを特集し、ブックデザインのムック本や、装丁を語った書籍も売れているという。平台に次から次へと並ぶ、アイデアあふれる様々な仕掛けを施した書籍――特殊箔押し、型抜き、浮き出し印刷、フカフカの手触り本など、書き出したらそれこそキリがない。これらのギミック本を次々と誕生させる背景と、若いデザイナーやイラストレーターたちの出版デザインへの関心の高さと参入は、何を語っているのだろうか。

一方でデジタル時代に移行してこの方、ブックデザインはどこか、手に密着するリアル感に欠け、文字もイラストも写真も印刷も、そして製本までも、どこかグズグズになって来てはいないか。

今から六年前、第一回亀倉雄策賞授賞記念のトークショーでの授賞者、田中一光のひと言がはっきりと耳に残っている――「今、美が薄れている」――と。

田中の鋭い眼光は、六年前にすでに、デジタル化のもたらす危うさを見抜いていた。

今、書店のブックデザインの賑わいは、少しキッチュに過ぎはしないだろうか。

そんな中にあって、出版社内の装丁セクションに身を置く望月玲子の、細部にまで実に目と手の届いた丁寧で馨《かぐわ》しい装丁、『キス』（写真51）、『九月の四分の一』（写真52）や、ストイックで端正なタイポグラフィの扱いが際立つ葛西薫（一九四九～）の装丁、『江國香織詩集』（写真53）、『高級なおでこ』（写真54）、そして北園克衛や清原悦志を髣髴させる山口信博（一九四八〜）の、どこか数学的、音楽的な切れ味鋭い装丁、『評伝　北園克衛』（写真55）、『ことばの森へ』（写真56）、さらには、〈白〉とボール紙とのコントラストも美しい一連の造本に、デザインへの深い理性を感じる原研哉（一九五八〜）の装丁、『紙とデザイン』（写真57）、『かたちの詩学』（写真58）など——表層の流行《はやり》に流されない、彼らの確固たる装丁美学の存在は、心強く、この先への信頼と希望を感じさせる。

ＤＴＰ移行期の過剰な表現を経て今、トンネルの向こうに、ブックデザインの新しい風景が広がっているように思う——。

（文中、敬称略）

※掲載した写真は、著者及び編集部による撮影の他、工藤強勝氏、廣瀬郁氏に提供いただきました。また以下の書籍より許可を得て転載しました。（＊は本文の写真と対応）

『日本のブックデザイン1946−95』＊1（大日本印刷、一九九六）
『DESK DIARY 2001 TAKEO vol.43　書物の時空』＊2（竹尾、二〇〇一）
『現代日本のブックデザイン1975−1984』＊3（講談社、一九八六）
『現代日本のブックデザイン vol.2』＊4（講談社、一九九三）

あとがき

本の装丁、ブックデザインは、店頭で人の目と手を惹き付ける瞬間的なインパクトと、所有された後の永い年月の存在に耐えるものでなくてはならないという、二つの相反する時間軸を内に抱えている。このことこそが、他のグラフィックデザインの制作とは異なる、本をデザインすることの難しさであり、愉悦でもある。

本書はまず、昨年四月に旧知の印刷学会出版部の道畑曜一氏から、執筆の依頼を受けたことに始まる。

製本をテーマとした、数名による共著の巻頭の文章、〈序章〉もしくは

〈総論〉として、我が国のグラフィックデザイナーとブックデザインの流れをまとめて欲しいというお話だった。

約束の期日に原稿と写真資料をお渡しして校正も進んだが、共著者それぞれの原稿の進捗状況の足並みがそろわないとのことで年を越した。

そして七月になって、後任担当の上田宙氏から連絡が入り、事は急転、急進した。当初計画されていた、共著による一冊本から姿を変えて、文庫判上製本シリーズの中の一冊として出版したいというお話に、序章として書き上げた文章が、はたして一冊の本になるだろうかと、一瞬戸惑いもした。しかし、校了紙にわずかに手を入れただけで、今、あとがきを書きながら、出版に漕ぎ着けたことをとても嬉しく思っている。

本稿はブックデザイン制作の現場にあって、常日頃考えていることをまとめたものであるが、その核となったのは、多摩美術大学グラフィックデザイン学科のブックデザインの授業で、課題制作実習に先立っての講義である。

巻子本、経折本に始まる装丁史の講義の中で、戦後の一九六〇年頃から最近までの最終部分が本稿に当たっている。装丁は実物を手にして、その感触を実感することがなにより大切であるから、毎週、リュックザックに一杯の書物を背負っての講義だった。「本になるよ」「もうすぐ出るよ」と、イソップ物語のオオカミ少年のようなことを言っていたが、ついに授業中には間に合わなかった。私のクラスの昨年、そして今年の四年生諸君に、遅くなってしまったが、この一冊を贈りたい。

母校の大先輩、原弘さんからペンを起こして、原研哉さんまで、登場願った大先輩や、幸せにも知遇を得られた多くの方々のお名前すべてに、敬称を略させて頂いたが、本書の内容、性格からしてお許し頂きたいと思います。

書影は、蔵書を自ら撮影したものを第一としたが、手元にない本は工藤強勝さん、廣瀬郁さんより写真をお借りした。御礼を申し上げます。さらに足りない書影については、上田氏が収集と転載許可への労を取って下さった。それらの書名は別掲して感謝いたします。

校正も最終段階に進んだ頃、上田氏から、〈ご自身の仕事には触れないのですか〉と、思ってもみなかった事を伺って、あわて驚いた。元よりそのような考えは微塵もなく、お気持ちだけを有り難く頂いた。

〈ブックデザインの新しい風景が広がっているように思う――〉と、本稿の最後の一行を書いてから一年が経った今、店頭の装丁風景は少し表情を変えつつあるように見えます。静かで、少し落ち着いた顔付きに――。

都立工芸を出てお世話になった、ジュジュ化粧品宣伝部の望月彰典氏、そしてK&Iデザイン研究所の伊東和也氏（お二人とも工芸高校図案科の先輩）。わがままいっぱいで飛び出した私でしたが、共に五十歳を前後して早逝されたこのお二人に本書を捧げます。
そして、ブックデザインを通して私をここまで育てて下さった、編集者を始めとする多くの方々のお顔と、多くの愛しい書物を思い出しながら、心から感謝しつつ、ペンを置きます。

二〇〇五年九月、二回目の個展を数日後にして

小泉　弘

用　紙
表　紙＝ヴァンヌーボF ナチュラル　四六判Y目90kg
見返し＝タントS-8　四六判Y目100kg
本　文＝OK嵩百合クリーム　A判Y目54kg
OK嵩百合ホワイト　A判Y目54kg

本文組版
組版ソフト＝Adobe InDesign 2.0
和文フォント＝本明朝 Book 小がな
欧文フォント＝Garamond Book
フォント提供　リョービイマジクス株式会社

小泉　弘（こいずみ・ひろし）

1946年東京品川生まれ。都立工芸高等学校デザイン科（入学時は図案科）卒。ジュジュ化粧品宣伝部、K&Iデザイン研究所を経て、'77年に小泉弘デザイン事務所を開き、出版デザインに専念。'92年と'96年、ブルノ国際グラフィックデザイン・ビエンナーレ入選（ブックデザイン）。他に造本装幀コンクール印刷連合会長賞など。

日本図書設計家協会（SPA）、
日本グラフィックデザイナー協会（JAGDA）各会員
多摩美術大学グラフィックデザイン学科非常勤講師

デザイナーと装丁

二〇〇五年十一月二十五日　初版第一刷発行

定　価＝本体一八〇〇円＋税
著　者　小泉　弘
発行者　中村　幹
発行所　株式会社　印刷学会出版部
〒一〇四-〇〇三二
東京都中央区八丁堀四-二-一
電　話〇三-三五五五-七九一一
FAX〇三-三五五五-七九一三
e-mail:info@japanprinter.co.jp
http://www.japanprinter.co.jp
印刷・製本　杜陵印刷株式会社

本書をお読みになった感想や、ご意見ご要望をeメールなどでお知らせ下さい。

ISBN4-87085-183-0